Mobilier Moderne

TABLEAUX

SCULPTURES

MEUBLES — SIÈGES

LIVRES ANCIENS ET MODERNES

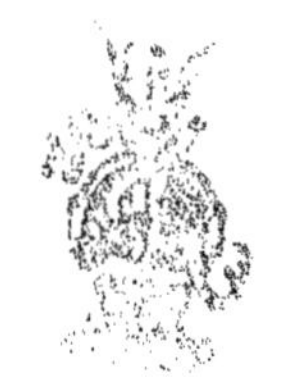

CATALOGUE

D'UN

MOBILIER MODERNE

APPARTENANT A MADAME X...

ET COMPRENANT

DESSINS — AQUARELLES

TABLEAUX MODERNES

FAIENCES, PORCELAINES, OBJETS DE VITRINE

Bronzes et Émaux chinois

ARMES — ARGENTERIE

BRONZES D'ART ET D'AMEUBLEMENT

SCULPTURES

Important buste de Femme de E. BOUCHARDON

Bois sculptés

MEUBLES

TABLES, BUREAUX, BIBLIOTHÈQUES, BAHUTS, COMMODES, VITRINES. ETC., ETC·

SIÈGES

Tapis, Tentures, Tapisseries

LIVRES ANCIENS ET MODERNES

Dont la Vente aux enchères publiques aura lieu, à Paris

HOTEL DROUOT, SALLE N° 1

Les Mardi 28, Mercredi 29 et Jeudi 30 Juin 1910

A DEUX HEURES

COMMISSAIRE-PRISEUR

M° E. ORIGET, 3, boulevard Sébastopol, Paris

EXPERTS

Pour les Objets d'art :

M. R. BLÉE

53, rue de Châteaudun

Pour les Livres :

M. Albert DU MAY

14 *bis*, rue Saint-Georges

Chez lesquels se distribue le Catalogue

EXPOSITION PUBLIQUE

Le Lundi 27 Juin 1910, |de deux heures à six heures

CONDITIONS DE LA VENTE

Elle sera faite *au comptant*.

Les adjudicataires paieront *dix pour cent* en sus des enchères.

L'exposition mettant le public à même de se rendre compte de l'état et de la nature des objets, aucune réclamation ne sera admise une fois l'adjudication prononcée.

Paris. — Imprimerie de l'Art, CH. BERGER, 41, rue de la Victoire.

DÉSIGNATION

LIVRES

1 — **Aicard** (Jean). Don Juan ou la Comédie du siècle. *Paris, Dentu, s. d.* 1 vol. in-4°, dem.-rel. chag.

2 — **Art** (L') à l'Exposition universelle de 1900. *Paris, 1900.* 1 vol. in-4°, cart. éd.

3 — **Augier** (E.). Théâtre. *Paris, C. Lévy, 1897.* 7 vol. in-18, dem.-rel. chag.

4 — **Balzac** (H. de). Œuvres illustrées. *Paris, Lévy, 1874.* 3 vol. in-4°, dem.-rel.

5 — **Catalogues.** Réunion d'environ cent cinquante Catalogues illustrés des ventes modernes (*Tableaux et Objets d'Art*). ARSÈNE ALEXANDRE. BÉRIOT, BING, BLANC, BLOT, CHARLES G..., FÉRAL (E.), FEYDEAU (G.), GAILLARD, HUYBRECHTS (E.), JACQUES (CH.), LAZARE WEILLER, LUTZ, MAME, MATHILDE (P^{sse}), MOREAU NÉLATON, PACULLY. ROSA BONHEUR, SEDELMEYER, STRAUSS (J.), VIGUIER. (*Ce numéro sera divisé.*)

6 — **Cazotte**. Œuvres morales. *Londres, 1788*. 7 vol. in-16, dem.-rel.

7 — **Corneille** (P.). Théâtre complet. *Paris Gandouin 1755*. 7 vol. in-12, rel. veau.

8 — **Doucet** (Jérôme). La Chanson des choses. *Paris, May. s. d.* 1 vol. in-8°, dem.-rel. mar. (*Franz*). (*Ex n° 369.*)

9 — **Du Camp** (Maxime). Paris, ses organes, ses fonctions. *Paris, Hachette, 1873*. 4 vol. in-8°, dem.-rel. chag.

10 — **Dumas** (Fils). Théâtre complet. *Paris, C. Lévy, 1898-99*. 7 vol. in-18, dem.-rel. chag. amat. (*couv. cons.*)

11 — **Feuillet** (O.). Théâtre complet. *Paris, C. Lévy. 1892*. 5 vol. in-18, dem.-rel. chag.

12 — **Foa** (Ch.). Mes grandes chasses. — Les Chasses aux grands fauves. *Paris, Plon.* 2 vol. in-8°, dem.-rel. chag.

13 — **France** (Anatole). Clio. Illust. de Mucha. *C. Lévy, 1900*. 1 vol. in-8°, plein chag. olive (*Franz*).

14 — **Hugo** (V.) Œuvres. Édit. Hetzel et Quantin. *Paris, 1869-1889*. Ens. 42 vol. in-8°, dem.-rel. chag. (*Rel. diverses.*)

—

15 — **Justin** (Le Tonnelier). Discours fantastiques de Justin, Tonnelier. *Paris, 1566.* 1 vol. in-12, rel. veau.

16 — **Labiche** (E.). Théâtre complet. *C. Lévy, 1892-1893.* 10 vol. in-18, dem. rel. chag. amat.

17 — **Lacroix** (Paul). Le Moyen âge : Vie militaire, vie religieuse, mœurs, usages, costumes, sciences et lettres. *Paris, Didot, 1876.* 3 vol. in-4", rel. chag. édit.

18 — **Lamartine** (Alph.). Harmonies poétiques, méditations. *Paris, Gosselin, 1826-30.* 4 vol. in-8", dem.-rel.

19 — **Langlès.** Recherches sur la découverte de l'essence de rose. *Paris, an XIII.* 1 vol. in-12, dem.-rel. chag.

20 — **Marbot.** Mémoires. *Paris, Plon.* 3 vol. in-8", dem.-rel. chag.

21 — **Mémoires.** Mémoires du Cardinal de Retz. *Amsterdam, 1717.* 5 vol. in-12, rel. veau.

22 — **Mémoires.** Mémoires de Mlle de Montpensier. *Maestricht, 1776.* 8 vol. in-12, rel. veau.

23 — **Mirabeau** (l'ainé). Collection complète des travaux. *Paris 1791.* 5 vol. in-8", dem.-rel.

24 — **Montaigne.** Essais. *Paris, Lefèvre, 1818.* 5 vol. in-8°, dem.-rel.

25 — **Musset** (Alf.). Œuvres complètes illust. *Charpentier, 1876.* 10 vol, in-8°, dem.-rel. chag.

26 — **Puffeney** (E.). Histoire de Dôle. *Besançon, 1882.* 1 vol. in-8°, rel. vélin.

27 — **Puget de S. Pierre.** Histoire des Druses. *Paris, 1763.* 1 vol. in-12, rel. plein chag.

28 — **Rabelais.** Œuvres. *Amsterdam, 1711.* 5 vol. in-12, rel. veau.

29 — **Racine.** Œuvres 1682 et 1736. *Paris et Amsterdam.* 2 vol. in-16, rel. veau.

30 — **Racine** (Jean). Œuvres. *Paris, Agasse, 1807.* 7 vol. in-8°, rel. veau.

31 — **Renan** (E.). Vie de Jésus. *Paris, Lévy, 1863.* 1 vol. in-8°, dem.-rel. chag.

> *Sur la couverture de la brochure se trouve la note suivante attribuée à Prosper de Mérimée :* Légende réaliste à l'usage de l'incrédulité mystique. — En plaidant pour Judas, ce brocanteur de sang, Renan n'a pas écrit à la légère. Nouveau Judas. il vend Jésus à sa manière, car il le vend en l'embrassant.

32 — **Rousseau.** (J.-J.). Œuvres. *Genéve, 1790.* 16 vol. in-4°, rel. veau. (*Fig. avant et avec la lettre.*)

33 — **Sarcey** (F.). Quarante ans de théâtre. 8 vol. in-12, dem.-rel. chag.

34 — **Scarron.** Le Roman Comique. *Lyon, 1730.*
2 vol. in-12, rel. veau.

37 — **Sévigné** (Mme de). Lettre et mémoires. *Paris,
Didot, 1856.* 11 vol. in-18, dem.-rel. chag.

36 — **Shakspeare.** Œuvres complètes. Trad. Guizot.
Paris, Ladvocat, 1821. 13 vol. in-8°, cart.

37 — **Térence.** Comédies. *Paris, Martin Durand,
1666.* 1 vol. in-12, rel. veau.

38 — **Thiers.** Révolution, Consulat, Empire. *Paris.
1845.* 30 vol. in-8°, dem.-rel. chag.

39 — **Vie de Marie-Antoinette** (Josephe-Jeanne de Lor-
raine). *Paris, 1802.* 3 vol. in-12, dem.-rel.
bas.

40 — **Vie privée** du Maréchal de Richelieu. *Paris,
1791.* 3 vol. in-8°, rel. veau.

41 — **Voltaire.** Œuvres complètes. *Paris, Furne,
1846.* 13 vol. in-4°, dem.-rel. chag.

42 — **Environ** 200 volumes : Romans, littérature, etc.
(*Ce numéro sera divisé.*)

TABLEAUX, MINIATURES

DESSINS, AQUARELLES

TABLEAUX MODERNES

43 à 95 — Paysages, Figures, Scènes de genre, Nature morte, Marines, etc., etc. (Seront divisés.)

96 — Deux petits tableaux : Paysages animés en tissus découpés sur fond gouaché.

97 — Deux feuilles d'écran en soie peinte, décorées de personnages. Travail chinois.

98 — Sous ce numéro, dix petites pièces : Gravures, Reliquaires, Porcelaine peinte, etc. (Sera divisé.)

99 — Grobée. Miniature : La Femme au masque. — Jeune femme Louis XV assise.

100 — Bernier. La Source. — Faune surprenant une nymphe.

101 à 110 — Onze miniatures diverses : Portraits de Femmes et de l'empereur Napoléon Ier. Cadres en bronze. (Seront divisés.)

111 à 134 — Vingt-quatre miniatures : Portraits de femmes. — Scènes de genre. Cadres en bronze. (Seront divisés.)

FAIENCES, PORCELAINES

135 — Service en verrerie de Venise, décor à cabo-
chons, émail peint et dorure, comprenant un
plateau, une aiguière, un flacon, un sucrier et
deux verres.

136 — Encrier en ancienne faïence, décor brun et
vert.

137 — Sous ce numéro : Objets divers en faïence ou
porcelaine. (Sera divisé.)

138 — Deux bouteilles à panses aplaties, décorées
de marine en bleu. Faïence de Delft.

139 — Vase-bouteille, décor bleu. Ancienne faïence
de Delft.

140 — Grand vase en forme de coquillage, accom-
pagné d'une statuette de femme. Biscuit polychromé.

141 — Corne montée en bronze.

142 — Deux ruines en marbre sculpté.

143 — Cinq statuettes en porcelaine de Saxe. (Sera
divisé.)

144 — Petit vase pot-pourri en porcelaine, décoré
de fleurs.

145 — Trois statuettes en biscuit.

146 — Le Gladiateur blessé. Albâtre sculpté. Socle en marbre vert de mer.

147 — Petit buste d'homme en faïence, décoré genre italien. Socle en bois.

148 — Trois cache-pots en céramique décorée. (Sera divisé.)

149 — Quatre vases porte-bouquet en cristal taillé ou décoré. (Sera divisé.)

150 — Cave à liqueur en bois contenant trois carafons en cristal taillé.

151 — Deux carafons à liqueur, fermant à clé, en cristal taillé.

152 — Cinq cruches en faïence à couvercle en étain.

— Cinq petits pots en faïences diverses.

153 — Deux grands vases en faïence, ornés chacun d'une figure d'Italien et d'Italienne dansant.

154 — Deux grands vases à couvercle et anses fixes, décorés en bleu de scènes animées et piédouches ornés de feuilles. — Faïence de Nevers. — Deux socles en bois dur sculpté.

155 — Paire de grosses potiches tripodes, décorées de nombreux personnages, à anses et boutons de couvercles formés de dragons dorés. Faïence de Satzuma.

156 — Neuf assiettes en porcelaine de Vienne, décor de scénes mythologiques.

157 — Grand plat à anses; trois autres plats à gâteaux et saladier. — Porcelaines diverses.

158 — Chocolatière, cafetière, théière et sucrier en porcelaine ancienne de Frankenthal, décor fleuri en bleu sur fond blanc côtele. (Sera divisé.)

BRONZES CHINOIS

159 — Divinité chinoise assise. — Groupe de cheval et de singes. — Diable jouant de la flûte. En bois sculpté. Travail chinois.

160 — Lézard en galvanoplastie et tortue en grès.

161 — Vase-pithong en bambou sculpté et ajouré.

162 — Petit vase-balustre à col élancé, décoré de deux réserves ornées de personnages, fond brun. Faïence de Satzuma.

163 — Petit vase quadrangulaire en porcelaine de Chine, décoré de branches fleuries et d'oiseaux bleu sur bleu, anses fixes têtes d'éléphants.

164 — Petit vase-bouteille en grès de Chine, émaillé vert olive.

165 — Deux figurines de Chinoise en porcelaine de Chine, émail polychrome.

166 — Deux cendriers forme barque en porcelaine, à décor imitant l'émail cloisonné.

167 — Deux vases en bronze brun, formés d'un éléphant portant le vase. Travail chinois. Socles en bois dur. (Sera divisé.)

168 — Taureau en bronze patine rouge. Travail japonais.

169 — Deux brûle-parfums en bronze brun, l'un
formé d'un cheval surmonté d'un Chinois, et
l'autre d'un cerf accroupi. Travail chinois.

170 — Sous ce numéro, environ dix animaux en
bronze : tortues, écrevisses, perdrix, crabes,
araignées, etc. Travail chinois ou japonais.
(Sera divisé.)

171 — Petit vase à long col et deux grandes anses
fixes en bronze brun, décoré d'ornements
gravés. Travail chinois.

172 — Petit vase-bouteille en fonte de bronze, orné
de neuf bandes en relief, décorées d'ornements
gravés. Travail chinois.

173 — Petit vase en bronze à patine verte foncée,
décoré d'une fleur de chrysanthème. Travail
japonais.

174 — Boîte ronde à couvercle en bronze, entièrement recouverte d'un décor fleuri en relief et
doré. Socle en bois dur. Travail chinois.

175 — Très petit vase quadrangulaire en bronze
patine rouge et anses fixes. Socle en bois dur.
Travail chinois.

176 — Vase-bouteille en cuivre brun, orné d'un
dragon en relief, col à six pans. Travail chinois.

177 — Vase-bouteille en cuivre brun, orné de fleurs
et d'un oiseau. Socle en bois sculpté. Travail
chinois.

178 — Paire de vases coniques, décorés de pois-
sons appliqués et d'une bande de motifs symé-
triques à figures d'animaux dorés. Socle en
bronze imitant le bois. Travail japonais.

179 — Vase-bouteille en bronze brun, entièrement
décoré d'un motif simulant la Mer et orné d'un
dragon détaché tenant une boule de cristal.
Socle en bois dur sculpté. Travail chinois.

180 — Petit vase en bronze brun à deux anses
fixes, orné au col et à la base de motifs gravés
et sur la panse de cinq motifs triangulaires également gravés d'ornements. Travail chinois.

181 — Petit vase-bouteille en bronze brun, orné de
fleurs, de petits pois et d'une sauterelle. Travail
chinois.

182 — Petit brûle-parfum tripode, à anses fixes, en
bronze et émail cloisonné à fond aventuriné et
couvercle surmonté d'un dragon en bronze doré.
Travail chinois.

183 — Brûle-parfum rectangulaire en bronze brun,
reposant sur quatre pieds et à deux anses fixes,
couvercle ajouré surmonté d'un chien de Fô.
Travail chinois. Socle en laque rouge de Pékin.

184 — Brûle-parfum sphérique en bronze brun, reposant sur trois pieds têtes d'éléphants et à anses fixes formées également de têtes d'éléphants ; le couvercle ajouré est surmonté d'un éléphant accroupi supportant un petit vase. Travail chinois. Socle en bois dur sculpté.

185 — Brûle-parfum de forme quadrangulaire, à couvercle ajouré, surmonté d'une tige à cinq rameaux en bronze doré partiellement émaillé. Travail chinois. Socle élevé en bois dur sculpté.

186 — Vase-rouleau en cuivre et émail cloisonné, décoré de fleurs et lambrequins sur fond bleu. Travail chinois.

187 — Autre vase-rouleau en cuivre et émail cloisonné, décor d'oiseaux sur fond aventuriné et de lambrequins sur fond bleu. Travail chinois.

188 — Brûle-parfum tripode, de forme sphérique, en bronze brun, décoré de deux dragons dont les têtes forment les anses, couvercle ajouré, décoré de dragons dans les nuages. Travail chinois.

189 — Brûle-parfum en bronze brun, formé d'un canard sur un tertre. Travail chinois. Socle en bois.

190 — Brûle-parfum en bronze brun, forme d'un cheval ailé. Travail chinois.

191 — Brûle-parfum en bronze brun, formé d'une
pêche.

192 — Brûle-parfum tripode en bronze émaillé à fond
bleu, anses fixes et couvercle en bronze ciselé
et repercé, à décor de dragons et motifs symé-
triques, bandes d'émail, bouton formé d'un
chien de Fô. Ancien travail chinois. Socle en
bois dur sculpté.

193 — Grande boîte cylindrique, à couvercle en
bronze émaillé, décor de fleurs et lambrequins
sur fond bleu. Socle en bois sculpté. Travail
chinois.

194 — Deux vases en bronze patiné, décor de fleurs
gravées et dorées, et ornés de réserves fleuries et
anses fixes. Socle en bois dur sculpté. Travail
chinois.

195 — Importante cloche en bronze ciselé, suspen-
due à un pied en forme de dragon en bois dur
sculpté. Travail chinois.

ARMES, MÉTAL

ARGENTERIE

196 — Deux hallebardes à manches cloutés.

197 — Petite rondache en cuivre gravé de Bénarès.

198 — Épée de chambellan et épée de cour à poignées en bronze finement ciselé et doré.

199 — Deux petits pichets en étain côtelés.

200 — Cuillers diverses en argent ciselé et ajouré.

201 — Porte-huilier en argent ciselé. Époque Empire.

202 — Verseuse à trois pieds en argent ciselé. Époque Louis XV.

203 — Deux saucières à plateaux adhérents en argent.

204 — Quatre plats ronds en argent à filets.

205 — Deux plats ovales en argent à filets.

206 — Deux tasses et leur soucoupe en argent ciselé.

207 — Sous ce numéro : objets divers en métal. (Sera divisé.)

BRONZES

208 — Grand plateau en cuivre gravé de Bénarès.

209 — Coupe ronde à piédouche et couvercle, et anses fixes en bronze ciselé et doré.

210 — Petit bassin creux en cuivre repoussé.

211 — Coupe en bronze partiellement doré, à deux anses fixes et piédouche à bases de marbre rouge. Signé : *Boucher*.

212 — Coffret à bijoux en bronze partiellement doré, à couvercle surmonté d'un lion style antique. Signé : *L. Oudry, éditeur*.

213 — Lampe électrique de bureau en fonte et cuivre.

214 — Deux appliques en cuivre repoussé et argent. xviie siècle.

215 — Cadre appliqué d'une feuille de cuivre repoussé et argent. xviie siècle.

216 — Appareil électrique formé d'un cœur ailé en cuivre repoussé et argenté. xviie siècle.

217 — Support en onyx, orné de quatre colonnettes à chapiteau, vases et bagues en bronze ciselé et doré.

218 — Deux candélabres d'autel en cuivre repoussé, ciselé et argenté. Époque Louis XIV.

219 — Colonne-support en onyx, à base et chapiteau corinthien en bronze ciselé.

220 — Petit bronze : le Tireur d'épines. Socle en marbre.

221 — Statuette en bronze patine antique : la Victoire, du musée de Naples.

222 — Deux statuettes : Narcisse et Faune dansant.

223 — Petit trépied en bronze patine antique, formant jardinière.

224 — Petit bronze : Madeleine pleurant.

225 — Mortier en cuivre, orné de médaillons et de fleurs de lys et son pilon. XVIIe siècle.

226 — Petit encrier en forme de temple circulaire.

227 — Grosse montre en cuivre gravé et ajouré, du XVIIe siècle, transformée en boîte et ornée d'une mosaïque représentant les Ruines du Colisée.

228 — Porte-bouquet en bronze à cire perdue, formé de quatre petits vases accolés ornés de branches fleuries. Signé : *L. Coudrey*.

229 — Colonnes de Marc Aurel en marbre rouge. — Obélisque en marbre rouge.

230 — Paire de landiers, barre en fonte nickelée. Style gothique.

231 — Grande lampe de parquet en bronze, formée
d'un ibis et de fleurs; abat-jour en tulle et den-
telles.

232 — Lanterne d'antichambre, forme globe, en
perles de cristal; bras support en fer forgé.

233 — Statue d'Algérienne grandeur nature, s'ap-
puyant sur une table à quatre pieds de style
mauresque, partie émail polychrome et ornée
de bijoux.

234 — Cartel, surmonté d'un vase, en bois sculpté
peint en vert et doré. Époque Louis XVI.

235 — Important encrier en bronze ciselé à patine
naturelle, inspiré du style Louis XV, orné de
deux figures symbolisant un Fleuve et la Navi-
gation, de trois coquilles et de deux poignées
fixes.

236 — Encrier en onyx et bronze doré, orné de
deux bronze argentés : le Jour et la Nuit, d'après
Michel-Ange.

237 — Coffret en fer gravé, orné de poignées, mas-
caron, etc.

238 — Brûle-parfum en bronze et émail cloisonné.
Travail chinois.

239 — Statue en bronze : Mignon, de *Aizelin*. *Edi-
tion Barbedienne*.

240 — Garniture de cheminée, comprenant une pendule et deux candélabres à six lumières, ornée de têtes de chérubins, consoles et guirlandes de fleurs.

241 — Paire de petits vases cassolettes en onyx du Mexique, à piédouche et ornements de mascarons, guirlande de fleurs et grains en bronze ciselé et doré, de style Louis XVI.

242 — Paire de vases Médicis en marbre vert de mer, à bases, guirlandes, lambrequins et consoles en bronze finement ciselé et doré, de style Louis XIV.

243 — Pendule en marqueterie de Boulle, à cadran circulaire, décorée d'amours, ornée d'une figure de Vénus assise et d'un amour; tors, bouquet de fleurs en bronze ciselé et doré, de style Louis XIV.

Haut., 76 cent.

244 — Importante garniture de cheminée, comprenant une pendule reposant sur quatre pieds cariatides, ornée d'une figure de Vénus, de consoles, de quatre têtes de béliers et surmontée d'une figure de Cupidon assise, et deux grands candélabres torchères à huit lumières, à bases ornées de figures de sphinx, agrémentés de guirlandes, de pendentifs et plaquettes en cristal de roche et grappes de raisins en améthystes. Style Louis XIV.

SCULPTURES

245 — Important bronze à patine dorée de diffé-
rents tons, statue de femme drapée : La Dou-
leur. Signé : *Raph. Peyre*. Socle en marbre vert.

NOTA. — Ce bronze sera vendu avec tous droits de
reproduction.

BOUCHARDON (E.)

246 — Buste de femme en marbre blanc sculpté,
vue de face, la tête regardant légèrement à
gauche ; elle est représentée dans un drapé
laissant voir le sein gauche et reposant sur une
figure de dauphin. La coiffure à longues boucles
retombant sur les épaules est agrémentée de
conques, perles et ornements divers. Base rectangulaire en marbre mouluré. Signé : *E. B.
Inv. et sculpt.*

246 *bis*. — Colonne en granit rose.

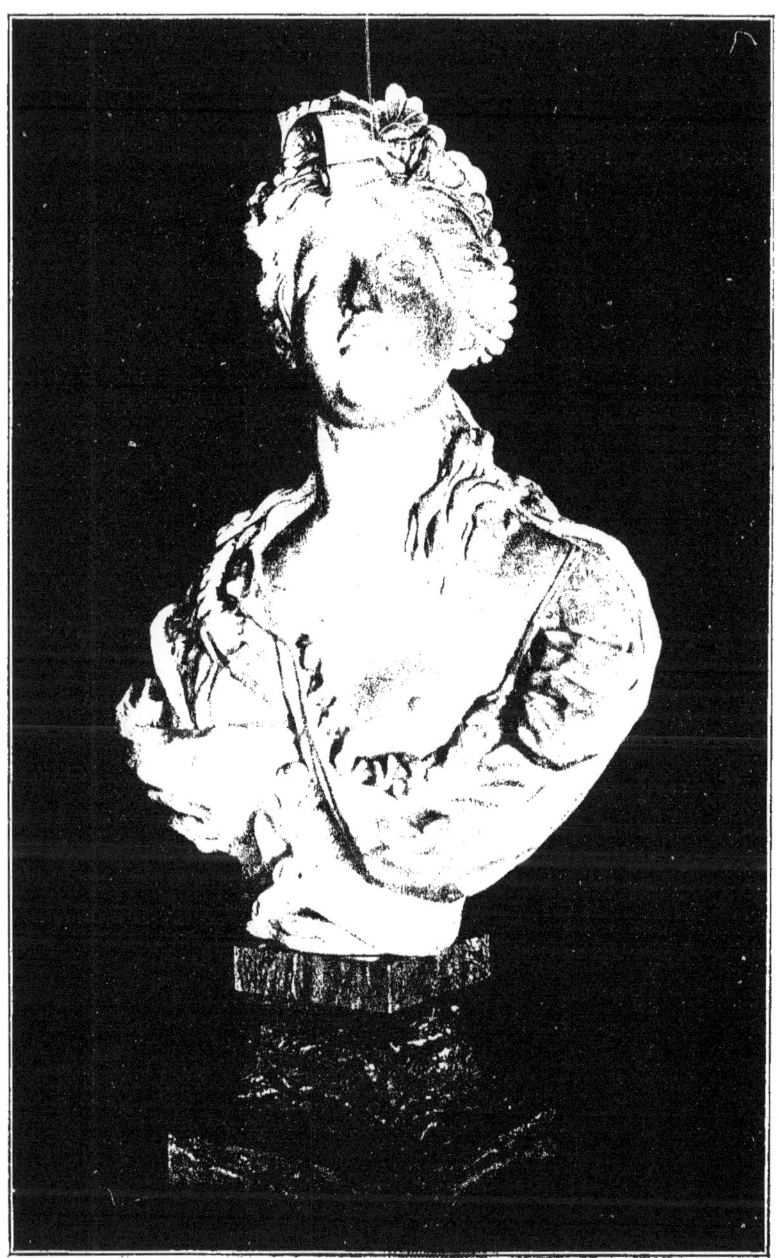

Nº 245

BOIS SCULPTÉS

247 — Petit cadre à pilastres, consoles, dais et
draperies, en bois sculpté. xviie siècle.

248 — Coffret en laque de Chine, contenant une boite
à thé en étain.

249 — Coffret rectangulaire en palissandre et ivoire
gravé d'ornements fleuris. xviie siècle.

250 — Coffre rectangulaire en citronnier, décor et
chiffre en acier clouté. Époque Empire.

251 — Médaillon en noyer sculpté : Profil de la
Reine Marie-Antoinette.

252 — Tabouret oriental octogonal en bois ajouré,
à inscriptions arabes et incrusté de nacre.

253 — Statue de la Vierge, tenant l'Enfant Jésus.
Bois sculpté et polychromé.

254 — Statue de Sainte en bois sculpté et polychromé.

255 — Statue de Vierge en bois sculpté et polychromé.

256 — Ange en bois sculpté. Préparé pour l'éclairage électrique.

257 — Deux anges ailés en bois sculpté, doré et polychromé. XVIIe siècle.

258 — Important sujet décoratif en bois sculpté : Jeune femme algérienne prenant de l'eau à une fontaine. Socle garni de peluche rouge.

MOBILIER

259 — Petite armoire-applique en bois sculpté.

260 — Stéréoscope en bois noirci, contenant environ
cent vingt-cinq vues de la Suisse.

261 — Porte-coran en bois ajouré et polychromé.

262 — Petite table à ouvrage à volets, en palissandre.

263 — Deux glaces à coins en glace, encadrement
doré.

264 — Petit rouet en bois sculpté. xviiie siècle.

265 — Autre rouet en bois tourné. xviiie siècle.

266 — Deux supports en chêne sculpté à deux colonnes chacun et panneaux, Style gothique.

267 — Chevalet porte-gravures en chêne sculpté.

268 — Paravent à trois feuilles en bois sculpté, à
colonnes détachées ornées de sphinx, coquilles
et feuilles de lauriers et décorées de sujets
peints, d'après les peintures de Pompéi.

269 — Table gigogne en bois laqué noir.

270 — Trois tables gigogne en bois dur sculpté.
Travail chinois.

271 — Bureau ministre à double face Poirier noirci.

272 — Fauteuils de bureau en chêne sculpté, couverts de peau.

273 — Bibliothèque à trois portes en chêne sculpté, à pilastres ornés de feuilles et de grappes de fruits ; corniches à rinceaux fleuris.

274 — Deux autres bibliothèques ouvrant à deux portes vitrées, à pilastres ornés de personnages, griffes de lions, grappes de fruits ; corniches à rinceaux fleuris, ornementés de jeux d'enfants, animaux et fruits.

275 — Table rectangulaire en noyer sculpté, à barre d'entrejambe à colonnettes. Style Renaissance.

276 — Grand buffet à crédence et vitrine à argenterie en chêne sculpté, de style breton.

277 — Desserte en chêne sculpté, ouvrant à deux portes, de style breton ; dessous en marbre rouge.

278 — Table-guéridon de salon en bois noirci, à pieds cannelés et ornés de rinceaux, bouquets de fleurs et moulures à godrons, de style Louis XVI.

279 — Meuble-bahut, ouvrant à deux portes, en bois noir, orné de médaillon, de chutes et de motifs en bronze patiné ou doré. Dessus en marbre blanc.

280 — Cabinet à étagère en bois noir et bronze. Style chinois.

281 — Meuble-bahut, ouvrant à deux portes, en chêne sculpté et orné de huit petits sujets peints dans le style du XVIIIᵉ siècle, par *Dubois-Menant*.

282 — Meuble-bahut, ouvrant à deux portes, en marqueterie de bois de rose et filets de citronnier. Marbre brèche. Époque Louis XVI.

283 — Grand meuble-bahut, à deux portes et deux tiroirs, en bois sculpté. Style gothique.

284 — Commode, à deux petits tiroirs et deux grands, en acajou, ornements et entrée de serrure en bronze; dessus en marbre. Époque Louis XVI.

285 — Commode-bureau en acajou et cuivres, époque Louis XVI; dessus en marbre.

286 — Table à thé en marqueterie de bois de rose, ornée de chutes, rubans, bouquets, figures d'amours, en bronze ciselé et doré, de style Louis XV. Tablettes en onyx.

287 — Vitrine, ouvrant à une porte à glace et côtés galbés également à glaces, ornements, chutes, baguettes, sabots, moulures en bronze finement ciselé et doré. Style Louis XV. Dessus en marbre veiné.

288 — Vitrine, ouvrant à une porte à glace, côtés
galbés également à glaces, ornements, chutes,
sabots, moulures en bronze ciselé et doré.
Style Louis XV. Dessus marbre brèche.

289 — Deux petites commodes à quatre tiroirs en
marqueterie de bois de violette; dessus en
marbre rouge. XVIIe siècle.

290 — Meuble-cabinet, ouvrant à deux portes, en
bois noir incrusté d'ivoire gravé et reposant sur
une table à quatre pieds reliés par un croisillon;
à l'intérieur du meuble se trouvent de nombreux petits tiroirs. Italie, XVIIe siècle.

291 — Grand bahut en marqueterie de Boulle, ornements en bronze ciselé et doré.

292 — Table-bureau plat en marqueterie de Boulle
et ornements en bronze ciselé et doré.

293 — Encrier en marqueterie de Boulle et bronze
doré.

294 — Sous ce numéro : Meubles et objets mobiliers
divers. (Sera divisé.)

SIÈGES

295 — Pouffs à coussins contrariés, recouverts de broderies chinoises et de peluches.

296 — Pouff à coussins contrariés, recouvert de broderies chinoises, soierie et peluche.

297 — Pouffs carrés, recouverts de soieries chinoises brodées.

298 — Fauteuil et six chaises en noyer sculpté, à rocaille, coquilles, feuilles d'acanthes, recouverts de soierie brochée. Style Louis XV.

299 — Deux fauteuils, deux chaises, un canapé en noyer sculpté recouvert d'imitation tapisserie. Style Louis XIII.

300 — Petite table à jeu, à quatre pieds à croisillons, en poirier noirci, ornée d'une plaque de porcelaine, décor trompe-l'œil.

301 — Petite banquette à dossier et bras en bois sculpté ajouré et doré, recouverte de soierie brochée. Style Louis XV.

302 — Canapé et deux fauteuils en bois sculpté et doré, à rubans, feuilles d'acanthes et bouquets de fleurs, recouverts de soierie brochée. Style Louis XVI.

TAPIS, TENTURE

TAPISSERIES

303 — Tapis Smyrne, décor fleuri bleu et vert sur fond rouge ; bordure encadrement, décor rouge et vert sur fond bleu.

> Larg., 3 m. 35 cent.; long., 2 m. 65 cent.

304 — Tapis de Smyrne, à décors fleuris sur fond rose.

> Larg., 2 m. 90 cent.; long., 5 mètres.

305 — Grand tapis de Smyrne, à décor d'un médaillon central et de fleurs sur fond vert pâle : bordure encadrement à ornements fleuris sur fond rouge.

> Larg., 5 m. 25 cent.; long., 4 m. 15 cent.

306 — Décor de baie drapé en soie gris perle.

307 — Deux décors de fenêtre, composés de draperies de peluche rouge et rideaux en soie brodée de fleurs et d'oiseaux, de travail chinois.

308 — Grand rideau de baie à deux faces en soie brochée fleurie sur fond rose d'un côté et de l'autre en soie gris perle.

309 — Deux décors drapés en soie brodée de fleurs et d'ornements. Travail chinois.

310 — Tapisserie ancienne verdure à animaux ; bordure sur trois côtés. xviie siècle.

311 — Fragment de tapisserie verdure et animaux.

312 — Objets omis.